Couverture inférieure manquante

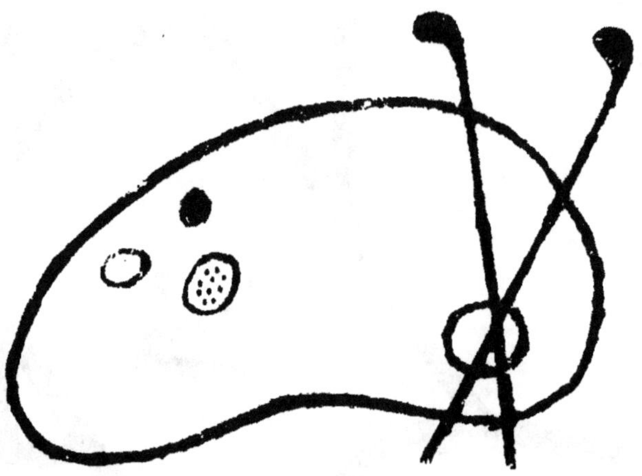

Début d'une série de documents
en couleur

LOUIS GUIBERT

LES VUES DE LIMOGES DE JOACHIM DUVIERT

LIMOGES
IMPRIMERIE-LIBRAIRIE Vᵉ H. DUCOURTIEUX
7, RUE DES ARÈNES, 7

1900

Fin d'une série de documents
en couleur

LOUIS GUIBERT

LES VUES DE LIMOGES DE JOACHIM DUVIERT

LIMOGES
IMPRIMERIE-LIBRAIRIE Vᵉ H. DUCOURTIEUX
7, RUE DES ARÈNES, 7

1900

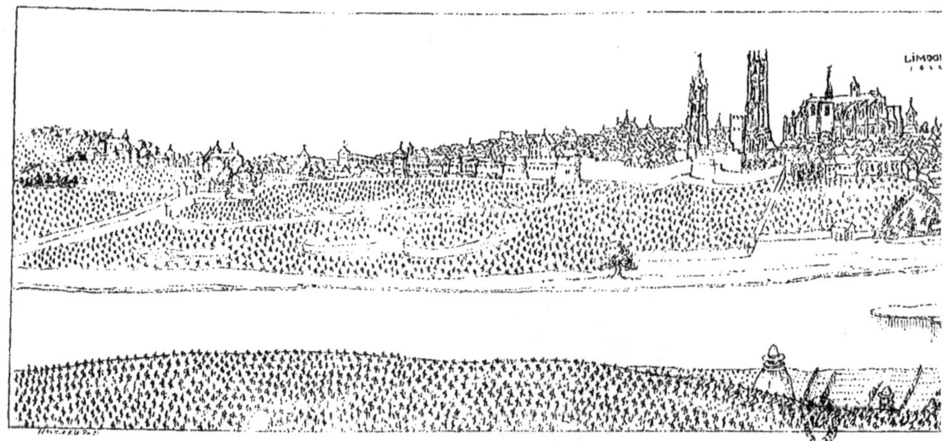

Limoges, Imp. Vᵉ Ducourtieux

Panorama de Limoges en 1612, d'après le dessin original de Jo

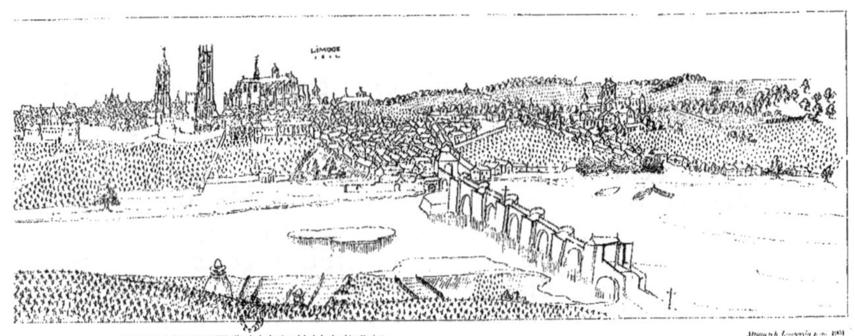

Panorama de Limoges en 1612, d'après le dessin original de Joachim Duviert.

Almanach Limousin pour 1891

LES

VUES DE LIMOGES

de Joachim Duviert

(1609-1612)

De tous les voyageurs qui ont parcouru l'ancienne France et dont le nom mérite d'être inscrit en lettres d'or sur la liste des précurseurs et des patrons de nos sociétés modernes d'excursionnistes, aucun n'a laissé, de ses pérégrinations, un monument comparable pour la précision, l'exactitude et l'intérêt, à l'album de Joachim Duviert, conservé aujourd'hui à la Bibliothèque nationale, collection Lallemant de Betz (Vx 23), et depuis peu seulement signalé à l'attention des artistes et des archéologues.

Qui était ce Duviert ? A quelle province du royaume appartenait-il ? Etait-il même Français d'origine ? Quelle fut sa profession ? Sa condition ? Sa carrière ? A-t-il laissé d'autres œuvres que le recueil de la collection Lallemant de Betz ? — Autant de questions auxquelles nous ne pouvons répondre. Plusieurs érudits, M. Henri Stein entr'autres, ont fait des recherches à ce sujet et en ont été pour leur peine. Jusqu'ici on ne sait rien, mais rien du tout sur ce personnage, qu'on a essayé d'identifier avec un graveur hollandais du nom de Jacques De Weert, né vers 1575, fixé à Paris dans les premières années du dix-septième siècle et mort avant 1658. Mais il est fort douteux que ce graveur et l'auteur de l'album ne fassent qu'un ; l'identité des deux artistes fût-elle du reste établie, nous ne nous trouverions pas fort avancés, ne sachant, de De Weert, grand chose de plus que de notre dessinateur.

Français, Flamand ou Hollandais, peu importe : Duviert a visité presque toutes nos villes à une époque où elles n'avaient pas encore dépouillé leur armure du moyen-âge, où elles conservaient leur vieille ceinture de murailles dont l'usage et les progrès de l'artillerie avaient, à la fin du règne d'Henri IV, à peine modifié l'aspect. Il les a regardées, non de l'œil indifférent du voyageur fatigué, blasé et grincheux, mais avec la curiosité perspicace de l'artiste qui saisit, du premier coup, les lignes caractéristique d'un tableau, et dont le crayon fidèle sait fixer, même dans un rapide croquis, l'aspect d'un paysage, la physionomie particulière d'une cité.

Le recueil de Duviert se compose de plus de cent cinquante vues, prises d'après nature, et en général d'une remarquable exactitude. Quelques-unes constituent de véritables panoramas ; la plupart ont été traitées avec une perspective de convention, en vues cavalières. Les unes ne sont que des croquis à l'encre très sommaires et sans aucune prétention ; l'artiste les a parfois tracées au verso d'un autre dessin (c'est ainsi qu'on trouve une silhouette d'Argenton sur Creuse au revers d'une des deux vues de Limoges qui font l'objet de cette notice) ; les autres sont exécutées avec plus de soin et rehaussées d'un lavis d'encre de Chine. La plupart portent des légendes se rapportant aux édifices principaux ou points notables. Beaucoup sont signées (1). Sur toutes ou presque toutes, le touriste s'est représenté lui-même, quelquefois à cheval, le plus souvent à pied : tantôt assis ou un genou en terre, tantôt debout, — avec le chapeau haut de forme et arrondi au sommet des compagnons du bon roi Henri, la fraise, le collet haut, le pourpoint court, les amples chausses flottantes, la dague au côté et en général le crayon à la main. C'est dans cet équipage qu'il s'est promené de la Flandre à la Guyenne et du Languedoc à la Normandie, poussé sans doute par la seule curiosité et le seul amour de l'art, peut-être chargé de quelque mission officielle. Nous nous sommes demandé si notre homme n'aurait pas été employé comme ingénieur militaire : simple hypothèse que rien ne corrobore d'ailleurs, mais qui ne nous semble nullement improbable.

(1) C'est par erreur qu'on a quelquefois écrit Duwiert. L'artiste signe uniformément *Duviert.*

Dans ses courses à travers la France, qui paraissent avoir commencé en 1609 (c'est du moins la plus ancienne date que nous relevions sur ses dessins : la plus récente est 1612), Duviert a passé deux fois au moins à Limoges : la première vers le début de ses voyages, la seconde vers la fin, et deux fois il s'est arrêté dans notre ville pour en fixer la physionomie par un côté différent. Ces deux dessins sont compris dans son recueil : s'ils n'offrent pas une égale netteté et un intérêt égal, ils n'en sont pas moins l'un et l'autre de précieux documents de l'iconographie de la capitale du Limousin. Nous les avons signalés — le premier, croyons-nous — dans un récent mémoire sur *les Anciens dessins des Monuments de Limoges*, auquel le *Bulletin* de notre Société archéologique a bien voulu accorder l'hospitalité.

Il n'est pas inutile de rappeler qu'on ne possède aucune vue générale de notre cité antérieure aux dernières années du seizième siècle. A cette époque, un médecin de Limoges, qui semble avoir été un des savants les plus distingués et des esprits les plus actifs de son temps, Jean Fayen, dessina un plan de sa ville natale qui figure dans le *Théâtre François* publié en 1594, à Tours, par Maurice Bouguereau. Ce plan a été plusieurs fois reproduit, et un de nos confrères, M. Paul Ducourtieux, en a fait l'objet d'une étude attentive. Il constitue une vue cavalière, dessinée avec une certaine netteté et une fidélité relative ; par malheur il ne représente que les quartiers compris dans l'enceinte de la ville dite du Château, et laisse en dehors de son cadre la Cité épiscopale et les faubourgs.

A une date peu différente appartient un croquis assez grossier de l'ensemble de l'agglomération Limogienne, peint au coin d'un plan des Audouines, Fougeras et lieux voisins ; ce plan, exécuté par un peintre de la ville du nom de Jean Court dit Vigier (Jean III ou Jean IV), est conservé aux archives de la Haute-Vienne, fonds de l'abbaye de Saint-Augustin. Nous en avons donné une reproduction dans le mémoire mentionné plus haut.

Ces deux images de notre ville, bien qu'elles nous aient gardé la figure des principaux édifices, sont des plans beaucoup plus que des vues. C'est à Joachim Duviert que nous devons les premiers panoramas véritables de Limoges que l'on possède. Celui de ses dessins qui porte la date de 1609 est beaucoup moins précis et complet que l'autre. Nous en dirons plus loin un mot. La vue de 1612, qui sera l'objet particulier de notre étude, embrasse un horizon plus vaste. L'artiste a représenté la ville se développant en amphithéâtre de l'Ouest à l'Est, sur les versants et les paliers successifs du côteau qui domine la Vienne, telle que l'aperçoit, de la rive gauche de la rivière, le voyageur arrivant d'Eymoutiers, de Pierrebuffière ou de Saint-Yrieix. C'est ce point de vue qu'ont choisi de préférence les dessinateurs et les peintres pour nous montrer l'aspect pittoresque de l'ancienne cité de Saint-Martial. Le panorama de Duviert, exécuté simplement au trait, a été fait sur une bande de papier de 773^{mm} de longueur sur 196^{mm} de haut (marges non comprises) et se trouve au fol. 257 de l'album de la collection Lallemant de Betz. On lit, sur le ciel, en caractères romains, le mot : LIMOGE, et au-dessous, en chiffres arabes, la date *1612*. Pas d'autre légende. La pièce ne porte point la signature de Duviert ; mais elle est de sa main, on ne saurait en douter.

La vue est prise en arrière du clos Sainte-Marie, à peu près à la hauteur du Clos-Jargot. Le dessinateur, on peut s'en convaincre en examinant sur place son dessin, s'est efforcé de retracer très exactement le tableau qu'il avait sous les yeux, tout en développant un peu le paysage sur la droite du spectateur. Quant à la partie de gauche, il l'a visiblement étendue au-delà de la portée de son regard, en la complétant à l'aide de notes prises d'un point situé sensiblement plus à l'Ouest. En ce qui concerne en particulier l'enceinte de la ville du Château, qu'il a allongée d'une façon notable dans cette direction, il n'a pu l'apercevoir distinctement ni de l'un ni de l'autre de ces deux postes d'observation, et il l'a tracée en l'embellissant un peu, vue d'un endroit beaucoup plus rapproché des murailles et peu distant du couvent des Jacobins.

Le dessin de Duviert a l'aspect et l'ordonnance d'un véritable tableau. Sur le devant du paysage se détache un ressaut de terrain, planté en vignes, au-delà duquel on aperçoit, beaucoup plus bas, d'autres vignes et des prairies, coupées de haies ou de palissades et s'étendant jusqu'à la la Vienne. Duviert s'est figuré lui-même derrière le monticule du premier plan : il tourne le dos au spectateur. Pleuvait-il ou faisait-il froid ce jour-là ? ou bien le touriste avisé avait-il voulu se prémunir contre la température variable du Limousin ? Il est certain qu'on ne le voit pas ici, comme dans presque toutes ses autres planches, vêtu d'un simple pourpoint. Au-dessous de son chapeau et de sa fraise s'arrondit un manteau destiné à garantir le voyageur du brouillard et de la froidure. Un autre personnage, en chapeau moins haut et au visage imberbe, apparaît de profil, à quelques pas de lui, sur la droite du spectateur. Serait-ce une femme? On est tenté de le croire; toutefois le peu qu'on voit de cette figure ne permet pas de se prononcer.

La Vienne traverse de droite à gauche le tableau, et le dessin donne une impression assez exacte de sa largeur réelle. Au milieu de son cours, en face de l'Abbessaille, une petite île allongée, une île déserte, sans une cabane, sans un arbre, sans une touffe d'herbe, surgit, toute plate, de l'eau tranquille. On dirait une large pierre jetée là pour faciliter à un géant l'enjambée de la rivière. A droite, le pont Saint-Etienne, étroit et bas, avec ses becs en ogive vers l'amont, ses refuges à angles droits du côté de l'aval, ses sept arches, exactement comptées (il en existe huit; mais la première du côté de la ville paraît être toujours restée à sec), reproduites toutefois avec un arc accusant une tendance au plein cintre qui n'est pas dans la vérité. A chacune de ses extrémités, une porte, surmontée d'une toiture à quatre eaux avec des girouettes. Au Sud, un pont-levis permet d'interdire l'accès de la ville aux personnes venant du dehors; mais au moment où l'artiste le dessine, il repose sur le sol et les longs bras de son trébuchet se tendent vers la campagne avec un geste hospitalier : on peut passer... On dirait toutefois que le pont n'est ouvert qu'aux piétons, car un double trait qu'on distingue à l'entrée du petit enclos ménagé en avant du pont-levis, sur la rive gauche, semble indiquer qu'il y a là un poteau ou une palissade planté au milieu du passage et n'en permettant pas l'accès aux chariots. L'enclos dont il s'agit est entouré d'une murette faisant retour et ne laissant libre qu'une étroite ouverture. C'est dans cette sorte d'avant-cour que les préposés au péage pouvaient réunir les troupeaux, compter les têtes de « berbiaille » ou les bêtes de somme d'une caravane, vérifier les marchandises avant leur entrée en ville. Une croix se dresse un peu plus loin, presque à l'endroit où on en saluait une il y a quelques années. Vers le milieu du pont, au troisième refuge, est plantée une autre croix. Après la première arche, du côté de la ville, on voit figuré un terre-plein que sépare du rivage un canal où tourne la grande roue de ce fameux moulin dont une charte du premier tiers du onzieme siècle mentionne la donation par Adalrand aux chanoines de la Cathédrale.

En amont et à quelque distance du pont, trois bateaux, dont deux amarrés au même poteau, indiquent l'emplacement de l'ancien port du Naveix. Aucun train ne flotte en ce moment sur la rivière ; mais trois grands tas de bois, empilés sur la rive droite, à quelques pieds du quai, précisément à l'endroit où nous avons vu, jusqu'à la suppression du « ramier », les Naveteaux monter leurs abaux, ne laissent aucun doute sur l'intention du dessinateur et sur l'affectation de ces terrains.

Derrière le moulin du pont Saint-Etienne se pressent et s'étagent les humbles maisons de l'Abbessaille, dont quelques-unes des plus curieuses viennent de disparaître, submergées par les terrassements progressifs du quai. Derrière encore, les constructions de la Cité, d'où émerge, majestueuse et énorme comme aujourd'hui, la haute silhouette de la Cathédrale. A l'édifice commencé en 1273 avec les libéralités posthumes de l'évêque Aimeric de Malemort, on n'a guère touché depuis plus d'un demi siècle. Philippe de Montmorency et Jean de Langeac sont les deux derniers prélats qui aient sérieusement travaillé au grand ouvrage légué par leurs prédécesseurs : *Manet opus interruptum.....* D'un côté la tour dresse sa gigantesque pile découronnée par les coups de foudre de 1483 et 1571 ; de l'autre le vaisseau imparfait apparaît avec les murs inachevés des deux travées dont la construction a été arrêtée. Nous avons vu, il y a trente ans, les choses dans cet état. — Un clocheton s'élève au-dessus du chœur, derrière lequel on aperçoit la partie haute d'une grande pyramide surmontée d'un coq. C'est tout ce qu'on peut voir de Saint-Pierre.

Au pied de Saint-Etienne, et séparés de sa masse imposante par les maisons des chanoines, s'allongent plusieurs corps de bâtiments, qui figurent l'abbaye de la Règle. Le clocher de l'église de ce monastère est plus que modeste. Sur la gauche, le palais épiscopal construit par Jean de Langeac surgit derrière ce qui reste des vieux remparts de la Cité. C'est sans doute de cet édifice, dont l'aspect paraissait si rébarbatif aux nouveaux évêques, que dépend la haute tour crénelée qui se profile en arrière, presque le long du clocher de Saint-Etienne. Il ne serait pas impossible, néanmoins, que l'artiste eût entendu figurer la tour de la Chaufferette, appartenant à l'enceinte du Château, et qu'on apercevrait par dessus les constructions de l'Evêché. Les Jésuites parvinrent en 1661 seulement, après maintes démarches et en dépit des protestations des bourgeois de la ville, très attachés à ce qui restait de leurs vieilles fortifications, à jeter à bas cette grande bâtisse branlante, menace perpétuelle pour eux et leurs écoliers. La démolition, au moins jusqu'à la hauteur des parapets des murailles, fut confiée à un sculpteur de Tulle; « car pas un de Limoges, un vray habitant, n'eut voulu prendre cette commission. » Dans son curieux manuscrit, Pierre Mesnagier affirme que cette tour surpassait en hauteur « toutes les autres tours de l'enceinte. »

Au devant de l'Evêché et de la Cathédrale, seulement, Duviert a figuré l'ancienne muraille de la Cité. Partout ailleurs on semble entrer pour ainsi dire de plain pied dans la vieille ville. Notons toutefois un talus très accentué à l'ouest de l'Abbessaille, montant de la rivière jusqu'au monastère de la Règle. En avant de la ville épiscopale, les vignes s'étendent jusqu'à la Vienne; en cela, le témoignage de plusieurs actes de cette époque confirme les indications du dessin de Duviert. Il était dû encore, dans les premières années du dix-septième siècle, à l'abbesse de la Règle, plusieurs redevances en vin sur des « treilles » plantées à quelques pieds de l'eau. La gelée devait sans doute frustrer souvent les droits de « Madame », et, même dans les bonnes années, la qualité du crû laissait à désirer. Nos vins du Haut-Limousin paraissent n'avoir jamais joui de la moindre réputation dans les temps passés, et la renommée du Verneuil, toute locale du reste, ne serait pas fort ancienne. Aujourd'hui, on aperçoit dans les petits jardins qui bordent la rue Porte-Panet et dans deux ou trois étroites cours plantées de l'Abbessaille, quelques ceps isolés, maigres et rabougris. C'est tout ce qui subsiste des vignobles d'il y a trois cents ans. Les grandes gelées des dernières années du dix-septième siècle et le terrible hiver de 1709 ont tué le reste.

Un faîtage pointu qu'on démêle à peine dans le fouillis de toitures dominé par Saint-Etienne, indique seul l'église de Saint-Domnolet, qui conserve dans un caveau les ossements des compagnons du légendaire comte de Limoges, tué au Puy-Lânaud, en défendant la Cité contre Théodebert, fils de Chilpéric Ier, en 574. Le premier patron de ce petit sanctuaire avait été aussi un guerrier, saint Georges.

A droite du chevet de la Cathédrale, on aperçoit un clocher assez élevé, peut-être celui de Saint-Jean, plus probablement celui de l'église de Saint-Maurice, dont la circonscription paroissiale embrassait le faubourg Manigne et le faubourg Boucherie. C'est aujourd'hui la chapelle des Carmélites. Saint-Maurice! Encore un militaire! Nos aïeux aimaient à dédier à des saints ayant porté l'épée et la cuirasse, les oratoires qu'ils bâtissaient sur leurs remparts ou à proximité. Les bienheureux de cette catégorie leur paraissaient sans doute mieux qualifiés pour défendre leurs murailles. Plus à droite encore, une construction importante, avec deux petits clochers et une sorte de grande lanterne ou dôme au-dessus Il est permis de reconnaître, dans le corps de bâtiment principal, le couvent des Cordeliers, remplacé aujourd'hui par l'hôtel de la Paix et le cercle de l'Union. Le dôme serait peut-être, dans ce cas, tout ce que l'observateur pouvait apercevoir de l'abbaye de Saint-Martin-lès-Limoges (terrains occupés à présent par le quartier général du XIIe Corps d'armée, l'Ecole des Feuillants, etc.).

Au-dessus du pont Saint-Etienne, on distingue fort bien, à la direction des maisons, la rampe qui monte de la rivière et va se souder à l'extrémité de la rue Porte-Panet. Précisément à la hauteur du point de jonction de ces deux voies, auprès du carrefour intérieur de l'ancienne porte, en saillie sur la ligne dessinant le contour de l'enceinte, apparaît l'église Saint-André, dont les Carmes déchaussés prendront possession treize ans plus tard. Puis c'est la campagne, ou plutôt les faubourgs. Au sommet du côteau, dans une position plus avantageuse qu'elle ne devait apparaître en réalité au dessinateur, voici Saint-Paul, où les Pénitents Bleus ont établi leur oratoire ; un peu plus bas, Saint-Julien, qui abrite les Blancs récemment institués. Devons-nous reconnaître le clocher de Saint-Christophe dans l'édicule surmonté d'une croix qui se dresse au-devant de l'imposant vaisseau dominant les constructions dont l'ensemble constitue le monastère de Saint-Augustin-lès-Limoges, où bientôt vont s'installer les Bénédictins de la Congrégation de Saint-Maur? La chose n'est pas certaine ; Saint-Christophe avait des proportions plus humbles. Pour Saint-Jacques, il n'y a pas de doute : C'est bien la modeste bâtisse blottie pour ainsi dire aux pieds de la célèbre abbaye, et qui se distingue seulement, des pauvres maisonnettes environnantes, par la croix de son pignon. — Plus loin, les habitations cessent tout à fait. On ne voit plus de maisons que sur le bord de la rivière. Des bouquets d'arbres, des châtaigneraies s'étagent sur le versant du côteau qui descend à la Vienne.

A gauche, à partir de la Cité, la colline est couronnée par les maisons de la ville derrière lesquelles se dresse, au dernier plan, une masse écrêtée, peut-être crénelée, qu'il est loisible de prendre pour la porte des Arènes, mais qui pourrait fort bien représenter l'Amphithéâtre lui-même. On n'en voyait pas grand chose en 1612 ; il semble toutefois que Duviert se soit aidé d'un plan pour rendre son panorama aussi complet que possible, et il n'était pas homme à négliger un détail aussi important qu'un amphithéâtre du temps des Romains. Il ne faut pas oublier que soixante ans plus tard, un autre voyageur, Jouvin de Rochefort, dans son plan dit *des Trésoriers de France*, se crut obligé de dessiner l'ellipse entière des Arènes, bien qu'une portion notable du cirque eût déjà disparu sous les remblais, les plantations et les jardins, et que le « creux » fût loin d'offrir la régularité et la netteté d'aspect indiquées par le plan.

Un seul édifice de la ville du Château se reconnaît à première vue : c'est le clocher de Saint-Michel-des-Lions, qui domine toutes les constructions de ce groupe et qui seul ose rivaliser avec la tour de la Cathédrale. De la basilique de Saint-Martial on n'aperçoit rien, cachée qu'elle est derrière le vaisseau de Saint-Étienne. Nous avons dit qu'une pyramide surmontée d'un coq et semblant émerger de la toiture de la Cathédrale, paraît être le sommet du clocher de Saint-Pierre-du-Queyroix. La construction élancée, à haute toiture, et percée de plusieurs rangs de fenêtres, qui apparaît presque sur le bord des remparts du Château, n'est-elle point la porte Boucherie ? Y reconnaître le Collège est difficile. Et les toitures aiguës qui montent çà et là vers le ciel marquent-elles les clochers, clochetons ou lanternes de la porte Montmailler, du Palais du Présidial, de l'église de Saint-Aurélien, du beffroi de l'Hôtel de Ville, et tout là haut la flèche de la chapelle des Augustins ? On ne saurait, en ces attributions, émettre que des hypothèses.

Nous l'avons déjà fait remarquer plus haut : le dessinateur a très sensiblement allongé la portion des remparts du Château se développant dans le champ de son panorama, à partir de l'angle de la terrasse ou du bastion où se termine l'enceinte de la Cité. En admettant, comme nous l'indiquions tout à l'heure, que la construction dessinée presque au-dessous de la tour de Saint-Michel, puisse représenter la porte Boucherie — et cette concession, les lois de la perspective, si nous les consultions seules, nous interdiraient absolument de la faire, — nous constatons qu'une interminable courtine, formée d'un simple mur non crénelé, s'étend entre cette porte et le premier ouvrage : tour, porte ou bastion, figuré vers la gauche. Cette courtine, le dirons-nous, nous semble jouer, dans notre panorama, le rôle complaisant d'un simple raccord. La ville du Château de Limoges se présentait, du poste d'où l'observait le voyageur, beaucoup trop étroite et ramassée. Il faudrait même dire, pour être complètement dans le vrai, que Duviert ne pouvait, des hauteurs du Clos Jargot, apercevoir qu'une très faible partie de l'enceinte : les murailles du palais épiscopal et du doyenné, sans parler des maisons des faubourgs, lui cachant celle-ci jusqu'au delà de la porte Manigne. Nous avons dit qu'il avait développé cette portion de son panorama à l'aide d'une vue supplémentaire prise d'un point plus à l'Ouest. Mais, même de ce point, il ne pouvait embrasser la longue ligne de fortifications qu'il a dessinée, et nous le prenons ici, malgré sa conscience habituelle, en flagrant délit d'arrangement.

Dans ces conditions, il est difficile d'identifier, avec les tours et portes de l'enceinte du dix-septième siècle, les diverses constructions ou saillies que présente la section des remparts se profilant jusqu'à la terrasse où bâtiront, à partir de 1620, les religieuses Ursulines, nos premières institutrices populaires. Les arcades que Duviert a dessinées sur une partie de ces murailles attestent sa recherche de l'exactitude du détail, même dans les arrangements. Les deux tours placées à droite de cette portion d'enceinte, les plus rapprochées par conséquent de la Porte Boucherie, n'ont pas de toiture et présentent à leur sommet une terrasse crénelée. Cette indication est conforme à celle du second des plans antérieurs aux vues de Duviert que nous possédons ; mais elle ne s'accorde pas avec les données de la gravure de Fayen, plus exacte, semble-t-il ; car nous connaissons l'existence de deux ouvrages seulement entre les portes Boucherie et Manigne : l'ancienne porte de Vieille-Monnaie, murée depuis longtemps, et représentée en 1594, par l'auteur de notre première image de Limoges, comme découverte, — et la tour neuve appelée quelquefois Tour de la Prison. Or cette dernière avait une toiture, conique dans le dessin de Fayen, arrondie en coupole dans le plan du fonds de Saint-Augustin. Supposons que l'espèce de petite maison avec trois fenêtres sur sa façade, juchée sur l'encorbellement du rempart, représente, dans le panorama de Duviert, cette tour de la Prison. La tour carrée à toiture en pyramide à quatre pans, serait alors la Porte Manigne, et la tour ronde à couverture en poivrière qui termine l'enceinte du Château, la tour des Anges. Notons que le pavillon carré où nous consentons à reconnaître la Porte Manigne, ne ressemble en rien à la figure de cette construction donnée dix-huit ans plus tôt par le médecin géographe; celui-ci montre en effet le corps de bâtiment où s'ouvre la principale entrée du Château, flanqué de deux tours rondes à toits pointus... Bref, il est de toute évidence que, dans cette partie du tableau, la ressemblance laisse beaucoup à désirer. Nous le répétons : l'arc des remparts du Château que Duviert a figuré ici, il ne pouvait le voir d'aucun des deux points, placés sur une ligne à peu près parallèle à la Vienne, d'où il a pris l'ensemble de son panorama.

Au-devant de cette enceinte se montrent des vignes encore, que traverse le chemin partant de la Cité et allant rejoindre à un carrefour, marqué d'une croix, le grand chemin dévalant du Château vers le pont Saint-Martial. Un peu au-dessous de ce chemin, quelques traits confus indiquent peut-être ce qui subsistait des ruines des édifices antiques dont trois dessins datés de 1593 et conservés au monastère des Feuillants, gardaient l'intéressante silhouette. Dominant cette partie du panorama, on reconnaît avec certitude l'église actuelle de Sainte-Marie, jadis Saint-Thomas d'Aquin, et le couvent des Jacobins auquel elle servait de chapelle. Entre l'enceinte fortifiée de la ville et les Jacobins, ce toit en pointe, avec une croix au bout, ne saurait être que le prieuré de Saint-Gérald, auprès de l'hôpital du même nom, — et l'ensemble de bâtiments d'où surgit un clocher, tout auprès de l'église des Jacobins, à gauche, le couvent des Récollets de Sainte-Valérie, tout récemment construit alors. Un peu au-dessous de la même église, le crayon de Duviert a voulu sans doute représenter le vieux bâtiment de Saint-Michel de Pistorie, assigné comme oratoire aux Pénitants-Noirs par le pieux « avocat des pauvres », le vénérable Bardon de Brun, leur fondateur.

Mais cet édifice considérable qu'on aperçoit au haut de la colline, au milieu des arbres, à l'extrémité du panorama, et que deux clochers ou tours accompagnent, que peut-il bien représenter ? Si la perspective ne s'y opposait absolument, nous serions disposé à y reconnaître le couvent des Grands-Carmes. Mais ce monastère était fort rapproché de l'amphithéâtre, et sur notre dessin, un intervalle considérable sépare l'un de l'autre. Peut-être faut-il voir dans ces constructions le château de Beauséjour ou quelque autre résidence notable. Remarquons toutefois qu'une croix surmonte la plus élevée de ces toitures, et rappelons que ce signe distingue uniformément, dans notre panorama, les églises, couvents et chapelles. Nous tenons donc pour les Carmes.

Nous arrêtons là l'étude du curieux dessin que nous a fourni l'album de Joachim Duviert et dont le lecteur trouvera, en tête de cette notice, une exacte reproduction. Mais nous ne terminerons pas sans dire un mot de la seconde vue de Limoges — la première en date : 1609 — que nous avons notée au même recueil et qui a été déjà mentionnée aux pages précédentes. Ce dessin mesure seulement 220^{mm} sur 280^{mm} et se trouve au fol. 253 du recueil.

Beaucoup moins complète que la précédente, moins soignée et moins nette aussi, cette vue offre cependant une particularité intéressante : elle a été prise d'un point d'où aucun artiste n'a jamais eu l'idée de regarder et de dessiner notre ville.

La position de l'observateur est assez difficile à déterminer, vu le doute qui peut subsister sur plusieurs des édifices figurés à ce dessin ; mais il se trouvait certainement dans la direction du Crucifix et de la Bregère, la ville se présentait à lui par son côté Nord-Est, presque diamétralement opposé à celui que montrent le plan de Fayen et le panorama décrit plus haut.

Cette fois, c'est surtout la ville du Château qu'on a devant les yeux. Deux portes s'ouvrent presque en face du spectateur : celles de Montmailler et des Arènes. La première offre un aspect peu monumental. C'est un simple corps de bâtiment sans tour ni tourelle, avec une toiture haute, à quatre eaux. Un écusson est esquissé au front du cintre de son entrée. Le pont-levis est abaissé. A gauche du spectateur, les remparts s'allongent dans la direction de l'abbaye de Saint-Martin ; une grosse tour ronde arrête le regard : la terrasse de la tour Branlant, sans doute. De l'autre côté de la porte Montmailler, une autre tour ronde, sans toiture, probablement l'éperon ou fort de Saint-Martial. Plus loin, la porte des Arènes, avec une couverture semblable à celle de la porte Montmailler : mais deux tours rondes, à toitures coniques, flanquent la construction principale. Au-delà, la muraille continue en perspective, appuyée d'une haute tour carrée à chapeau en pyramide et d'une tour ronde. Nous entrerions dans la voie des hypothèses tout-à-fait gratuites en essayant de donner un nom à ces ouvrages, et aussi à un autre donjon carré qui surgit là bas, de l'autre côté de l'enceinte, semble-t-il. Au dehors de la ville, on peut avec plus de certitude reconnaître les édifices. Voici le couvent des Grands-Carmes, dominant le paysage ; il est forme de deux corps de bâtiment en équerre, et l'église est accostée d'un clocher. Une voie, partant de la seconde porte, gravit le côteau dans sa direction : c'est le faubourg des Arènes. Plus près de nous, le monastère des Augustins, avec son église et son clocher. Derrière le couvent s'allonge le faubourg Montmailler. Le faubourg actuel de Paris semble n'être encore qu'un chemin sans importance ; l'amphithéâtre des Arènes n'est pas figuré sur ce dessin.

On aperçoit, au dessus des toitures de la ville, qui s'étagent derrière les fortifications, le clocher de Saint-Michel, assez exactement figuré ; celui de Saint-Pierre, d'une ressemblance plus imparfaite ; enfin la flèche de Saint-Martial, d'une longueur démesurément exagérée.

La Cité s'étend sur la gauche ; elle n'a point de remparts. La tour de Saint-Etienne domine, naturellement, cette partie du panorama ; le vaisseau est à peine indiqué, avec une sorte de grosse tour ronde formant l'abside. Plus loin apparaît un coin des constructions de la Règle. Peut-être en voyait-on davantage. L'extrémité du dessin paraît avoir été coupée.

Plus près, le couvent des Cordeliers se reconnaît aisément ; il est formé d'un grand bâtiment à l'angle d'un enclos, avec deux tours ou clochers se terminant en pointe.

On ne saurait du reste se tromper sur l'identification des silhouettes d'une partie de ces édifices. L'auteur du dessin a pris la peine de les indiquer par des lettres renvoyant à une légende : A. « Saint-Estienne, esglise cathedralle ». — B. « Les Cordeliers ». — « C. La Regle, abbaye de femmes ». — D. « Saint-Pierre, paroisse ». — E. « Saint-Marcial, abbaye sécularizée ». — F. « Saint-Michel, paroisse ». — G, dont la légende est restée en blanc, se rapporte à un clocher qu'on aperçoit derrière Saint-Michel : le clocheton de Saint-Aurélien ou le beffroi de l'hôtel de ville. — H. « Les Carmes ». — I. « Les Augustins ».

Nous avons dit que ce dessin est de 1609. Quand Joachim Duviert, trois ans plus tard, passa de nouveau à Limoges, il dut jeter les yeux sur son croquis et constater qu'il eût vraiment pu mieux faire ; il avait mal choisi son point de vue et n'avait nullement fixé sur son album l'image vraie d'une cité dont l'aspect a toujours passé pour pittoresque. Plusieurs voyageurs des seizième et dix-septième siècles s'accordent à vanter l'assiette avantageuse de la capitale du Limousin, sa silhouette mouvementée et l'effet grandiose produit par ses hautes tours se profilant au loin sur l'horizon. Comment, en 1609, notre dessinateur n'avait-il pas aperçu le tableau que d'autres avaient si bien vu ? Peut-être ne s'était-il pas donné à cette époque la peine de faire le tour de la ville. Il fut plus attentif ou plus heureux dans sa seconde visite. Il se peut aussi qu'il soit arrivé cette fois par la rive gauche de la Vienne et que le panorama de notre ville se soit offert à ses yeux autrement large, autrement découpé, autrement varié qu'il lui était jadis apparu. Duviert se dit que Limoges méritait un autre portrait, et il recommença son croquis, avec plus de soin et d'ampleur. Quand plus tard le comédien antiquaire Beaumesnil dessina, d'un point peu différent de celui choisi par le voyageur de 1612, la vue de notre ville aujourd'hui conservée au Séminaire, il ne se doutait pas qu'un siècle et demi plus tôt, un artiste inconnu avait crayonné à grands traits le même tableau. Nous donnons le panorama de Duviert ; Tripon a reproduit celui de Beaumesnil. Le curieux pourra donc consulter l'un et l'autre de ces dessins et leur rapprochement lui suggèrera plus d'une remarque intéressante.

Limoges. Imp. Vᵉ Ducourtieux, rue des Arènes, 7.

www.ingramcontent.com/pod-product-compliance
Lightning Source LLC
LaVergne TN
LVHW020509230826
846091LV00008BA/3426

* 9 7 8 2 0 1 3 6 7 1 3 1 6 *